L'ABBÉ A. ARSAC

VICAIRE A SAINTE-SIGOLÈNE

—

DEUX VISITES PASTORALES

A MONTREGARD

(1626 et 1747)

LE PUY

IMPRIMERIE CATHOLIQUE PRADES-FREYDIER

PLACE DU BREUIL

—

1890

DEUX VISITES PASTORALES

A MONTREGARD

(1626 ET 1747)

Sous ce titre nous publions la relation de deux visites pastorales à Saint-Jean-de-Palhès *Sanctus Joannes de Pallegiago* (1) aujourd'hui Montregard.

La première fut faite par Mgr Just de Serres au mois d'octobre 1626, et la seconde au mois de septembre 1747, par Mgr Lefranc de Pompignan.

VISITE DE SAINCT-JEAN-DE-PAILHEC

Du mercredi vingt-unies. jour d'octobre mil six cens vingt-six

Nous *Just de Serres, evesques*, comte de Vellay et suffragant spécial de l'eglise de Rome procédant ce jourd'huy vingt euniesme jour d'octobre en l'année mil six cent vingt-six à la visite de l'eglise parrochielle de Sainct Jean de Pailhec.

(1) *Tablettes*, IIe année, p. 5 et *Cart. de Chamalières*, n° 194.

En premier lieu avons sacré le grand autel cy devant profané par le rehaussement qui en avoit esté faict, et l'avons desdié à l'honneur de Dieu et soubz le tiltre et invocation particulière du glorieux sainct Jean-Baptiste, dans lequel avons enclos des reliques de sainct Bonnet.

En second lieu avons visité le très Sainct-Sacrement lequel avons trouvé dans un ciboire d'argent logé dans un tabernacle, et avons prins garde que ledit tabernacle n'estoit garny au dedans, ny orné au dehors de voiles et parements, sur quoy a esté par nous ordonné que ledit sieur prieur y pourvoirait et fairoit garnir ledit tabernacle au dedans de quelque belle estoffe et au-dessus de quelque belle estoffe et au dehors de quelques voiles et parements honorables, affin que le Sainct-Sacrement soit tenu avec plus d'honneur.

En troisiesme lieu voulant procéder à la visite des sainctes reliques n'avons trouvé aucun reliquaire, bien avons nous vérifié qu'en ladite église y avoit les reliques suivantes à scavoir :

Un os de sainct Jean-Baptiste.
Un os de saincte Agathe.
Un os de sainct Blaise.
Un os de sainct Bonnet.

En quatriesme lieu visitant les SS. Fonts les avons trouvés en bon estat et pareillement les ampoulles et nous ayant faict exiber les registres des bastèsmes, mariages et mortuaires avons prins garde qu'aux registres des mariages les témoingts qui avoient assisté à la célébration d'iceux n'y estoient nommés, ce que nous avons enjoinct au sieur curé de faire à l'advenir, et pareillement de mentionner aux registres des mortz si les déffunctz durant leur maladie et avant le décéz avoient receu les sacrementz de l'Eglise affin que nous puissions plus facilement cognoistre ceux de notre troupeau qui partent de ceste vie avec les tesmoignages de vrais et fidelles chrétiens, ledit sieur curé nous a remis extraict des baptesmes faicts en ladite paroisse depuis le dix-neuviesme septembre mil six cens vingt-trois, jusques au douziesme du présent mois d'octobre de l'année mil six cent vingt-six.

En cinquiesme lieu avons visité les chappelles de ladite église. Du costé de l'epistre avons trouvé une chapelle estant comme on a dict au sieur de Marcoux, toutte ruinée sans vittres ny ornemens, n'a esté justifié d'aucun revenu affecté à icelle ny du droict prétandu par ledit sieur de Marcoux, avons à ces fins ordonné au sieur curé dudit Sainct Jean de Pailhec d'advertir dans huict jours ledict sieur de Marcoux de justifier devant nous dans trois mois après la notification de nostre présente ordonnance du droict qu'il prétand sur ladite chappelle, et ledict délay expiré sans nous faire apparoistre dudict droict si aucun il en a, nous avons enjoinct audit sieur curé de publier en son prosne par trois dimanches que ceux qui la voudront dotter, ayent recours à luy pour en recevoir les offres et icelles remettre devant nous affin que suivant icelles nous en faisions la deslivrance à celuy qui fera la dotation plus advantageuse.

Du mesme costé de l'epistre avons visité la chappelle de Nostre-Dame de Pitié estant au sieur de Montregard dans laquelle il y a sa sépulture, ledicte chappelle est fondée, et les revenus affectéz à la communauté des *prêtres* avons enjoinct que dans le mois nous fust remis un desnombrement desdicts revenus pour à proportion d'iceux ordonner le service requis, nous avons trouvé que ladite chappelle a ses ornementz particuliers.

Du mesme costé de l'epistre avons visité la chappelle de sainct Nicolas prétandu par Claude Béal du lieu de Mounet (1) qui nous a remis une fondation de douze sols annuels faicte au profict de ladite chappelle et revenu d'icelle par feu M. Vidal Nyer, prêtre dudit Sain. Jean de Palhec receue par Durieu notaire, le vingt deuxiesme jour de janvier mil cinq cent soixante treize, ledit extraict signé, Chabanacy, et cotté en notre liasse livre ZZ, et attandu que ladite fondation n'est suffisante pour s'attribuer ladite chapelle, nous avons ordonné et ordonnons à ceux qui prétendent ledict droict d'augmenter ladicte fondation dans un mois prochain après lequel sy on n'obéit à notre présente ordonnance voulons (comme avons enjoinct audit sieur curé) que par trois dimanches soit publié que ceux qui la voudront suffisamment dotter ayent recours audit sieur curé pour recevoir les offres de la fondation suivant lesquelles, après qu'auront esté remises devant nous, deslivrance en sera faicte à celuy qui fera la dotation meilleure.

Du costé de l'Evangile avons visité la chappelle dicte à présent du Saint Rosaire sur laquelle Claude Niel du lieu de Mounet y

(1) Village de la paroisse de Montregard.

prétand quelque droict, avons à ces fins enjoinct au sieur curé l'advertir dans trois jours devenir dans quinze jours après ladite notification devant nous pour justifier dudit droict en ladite chappelle si aucun en y a, et après ledit deslay s'il n'a obey à notre présente ordonnance voulons la publication de ladite chapelle estre faicte au prosne par trois dimanches aux termes cy dessus marqués ; en ladite chappelle la confrérie du Saint Rosaire a esté érigée par feu le R. P. Théodose, et ayant demandé le livre de l'érection, M. Changea, curé dudit lieu, nous a rapporté qu'il estoit au pouvoir de M. Duranton, et sur ce avons enjoinct audit sieur curé de le retirer et faire mandement de notre part audit M. Duranton de le randre.

Du mesme costé de l'Evangille avons visité la chappelle dicte Girondon fondée de cent sols annuels par noble Jean de la Franchière, escuyer, habitant au lieu de Girondon (1) mandement de Montregard à la charge d'y estre célébrée par un chappelain une messe tous les samedis de l'année, à l'honneur de Notre-Dame, comme appert par le contract sur ce passé le treiziesme de juin en l'année mil cinq cens quatre-vingt-trois receu par M. Mathieu Méalier, notaire, de laquelle fondation avons enjoinct à noble Jean de la Franchière, sieur de sainct Julien patron de la dite chappelle, nous en remettre extraict collationné dans trois sepmaines et avons ordonné à notre scribe le cotter en notre liasse de visite livre

(1) Hameau de la paroisse de Montregard.

etc. etc... et attandu que ladite fondation
n'estoit suffisante pour la charge susdite a esté
veu autre contract passé le douziesme d'aoust
mil six cent vingt-deux, receu Beraud par
lequel ledit noble Jean de la Franchière, sieur
de sainct Julien, fonda en la dite chappelle et
au profit du chappelain la somme de neuf livres annuelz pour y estre célébrée chacune
sepmaine une messe, et en outre le susdit
revenu, et par augmentation d'icelluy le tout
spécifié audit contract duquel avons enjoinct
audit sieur de Sainct Julien en remettre extraict devant nous dans trois sepmaines et
avons commandé à notre secrétaire le cotter en
notre liasse de visite livre A. A. A, de ladite
chappelle se trouve vicaire et chapelain
M. Pierre Changea prêtre auquel avons ordonné de tenir ladite chappelle mieux assortie
d'ornementz qu'elle n'est à présent, et mesme-
ment faire racomoder la fenestre d'icelle.

En sixiesme lieu visitant le surplus de ladite
église avons veu que le presbitère estoit mal
couvert ; et qu'à ces fins il pleuvoit en icelluy
et incommodoit le service ainsin que de mesme
jour avons veu, sur quoy avons ordonné que
le sieur prieur dudit lieu fairoit mieux couvrir
lesdits couverts du presbitère ; dans ladite église
avons trouvé plusieurs testes de mort exposées
mesme près les autelz, avons sur ce ordonné
au sieur curé les faire porter dans le cimetière
comme estant le lieu particulièrement destiné
à leur repos.

En septiesme lieu procédant à la visite des
meubles et ornementz de ladicte église en avons
demandé l'inventaire, sur quoy nous ayant
esté respondu qu'ilz n'estoient inventoriés,

avons enjoinct qu'inventaire en fust faict, remis dans quinze jours, cependant ledit sieur curé nous a représanté qu'il avoit besoing d'une chappe, d'un chasuple violet, d'un chasuple pour l'office des morts et d'un encensoir, avons sur ce ordonné que le sieur prieur pourvoiroit à ladicte église des habitz et ornementz nécessaires pour l'office et service des festes principalles, et que les parrochiens enpourvoiront pour l'usage ordinaire.

En huictiesme lieu touchant ladite paroisse de Sainct-Jean-de-Palhec nous sommes enquis quel estoit le sainct titulaire de ladicte église, qui en est prieur, quelles sont les limites de la paroisse, quel nombre il y a de communiants, s'il y a en ladicte parroisse aucuns hérétiques, s'il y a des oratoires champestres, quelz sont les revenus du sieur Curé ; sur lesdictes demandes nous a esté respondu :

1° Que le sainct titulaire de ladicte église est Sainct-Jean (Baptiste.)

2° Que le prieuré dudict Sainct-Jean-de-Pailhec est uny au collège des RR. PP. Jésuites du Puy (4).

3° Que la paroisse se confronte d'orient avec le bois du sieur de Montivers, parroisse

(1) Ce prieuré dont la collation était d'abord à l'abbaye bénédictine de l'Ile Barbe près Lyon, fut uni au collège des jésuites du Puy, par une bulle du Pape Paul V, en date du 5 novembre 1619 et autre bulle de Grégoire XV, en date du 11 juin 1622.

Jean Laurens, doyen de Notre-Dame du Puy, official et vicaire général de l'Evêque et prieur de Saint-Jean-de-Palhès ou Montregard donna procuration pour la résignation de son bénéfice en 1619.

Cf. Tablet. hist. — IV° année, p. 474 et 493 ; — VI° année, p. 157.

de Sainct-André (1); du midy avec le chemin allant de Sainct-Bonnet à Tense, du couchant avec le ruisseau qui est entre le village de Brossettes (2) et Villemarché (3) paroisse de Late, du septentrion avec les terres de Male-tavernes, Crosset, paroisse de Dunière (4.)

4° Nous a esté respondu avoir en ladicte paroisse environ neuf cents communiants, ny avoir que deux hérétiques, et point d'oratoires champestres dans l'enclos de ladicte paroisse.

5° Le sieur Curé nous a rapporté son revenu consiste en dix cestiers de grain qu'il prend au grenier du sieur prieur et trante solz d'argent qu'il a de l'afferme d'un pré.

En neuviesme lieu à notre mandement se sont présantés les ecclésiastiques de ladicte paroisse n'estant à présant que trois en nombre, à scavoir : M. Pierre Changea, curé, M. Jean Marconnet, prêtre, et M. Claude Patouillard, soubsdiacre, ausquelz avons déffandu de boire et manger aux cabaretz à paine d'excommunication dès à présant laschée sans autre déclaration de laquelle nous sommes reservés l'absolution, avons toutesfois excepté les cas de voyages, baptesmes, mariages et mortuaires.

Nous informant sur le revenu et service des obitz et fondations, lesdits ecclésiastiques

(1) *Saint-André-des-Effangeas*, paroisse du diocèse de Viviers.

(2) *Brossettes*, village de la commune de Lapte et de la paroisse de Verne.

(3) *Villemarche*, village de la paroisse de Montregard.

(4) *Malataverne* et le *Crouzet*, villages de la paroisse de Dunières.

nous ont rapporté qu'ilz en ont pour environ
cent dix livres pour la conservation desquelz
avons enjoinct ausdits ecclésiastiques de faire
un terrier desdites fondations et nous en remettre extraict pour ranger et déduire le
service requis, et leur avons donné deslay
pour ce faire de six mois.

Ayant veu comme M. Jean Marconnet estoit
despourvu d'habitz et ornements ecclésiastiques pour la célébration de la saincte Messe,
luy avons enjoinct en achepter entre cy et
Pasques prochain, et après avoir examiné ledit
Marconnet, l'avons approuvé pour un an et
luy avons faict bailler à notre secrétaire nos
lettres d'approbation.

En dixiesme lieu avons faict appeller les ouvriers et luminiers de ladicte église pour
donner compte devant nous de leur administration, lesquelz ayant comparu et randu leur
compte cotté en notre liasse B. B. B. ont esté
trouvés reliquataires envers ladicte église de
la quantité de quatorze cestiers, quatre cartons
et demi seigle, lesquelz avons ordonné estre
vendus et de l'argent qui en sera retiré estre
baillé en rante constituée de la somme de
soixante livres entre les mains de personne
solvable, à ce que les trois livres annuelz
et pentionnelz qui proviendront de ladicte
rante soyent employés à partie de l'entretien
de la lampe et à la descharge des parroissiens
lesquelz n'auront à entretenir allumée nuict
et jour ladicte lampe durant huict mois de
l'année à scavoir depuis le premier jour de
may jusques au dernier jour de décembre, ce
que en leur personne avons enjoint ausdits
ouvriers et luminiers ausquelz permettons

vandre les grains susmentionnés, et les trois
livres revenant annuellemant de la rante de
soixante livres qu'ils deslivreront sur la rante
desdits grains seront employés à partie de
l'entretiennement de ladicte lampe qu'il con-
viendra faire ausdits luminiers et à leurs suc-
cesseurs en ladicte charge durant lesdicts huict
mois et quand aux quatre premiers mois de
l'année à scavoir, janvier, febrier, mars et
apvril ladicte lampe sera tenue allumée nuict
et jour par le sieur prieur.

Touchant ladicte administration des deniers
dusdit luminaire interposant notre réglement,
avons défandu ausdits luminiers de plus con-
tribuer aux payements des violons qui sont
employés lhors des reynages, n'estant raisonnable de divertir à tels usages les deniers
dusdit luminaire (1). Avons aussi ordonné que
le luminier rendroit compte de son administration toutes les années par devant le sieur ·
curé et quelques-uns des plus notables parroissiens assistés de ceux qui de droict, sans que
pour ce regard aucune despance se fasse aux
fraicts dudit luminaire, et que toutes les
années sera faicte proclamation au prosne
du ban de l'œuvre laquelle en suitte sera
deslivrée à celuy qui fera la condition meilleure au proffict de ladicte église, de mesme
lhors qu'on fera des processions hors ladicte
parroisse les fraictz dudit sieur curé, qui
sont faictz sur les deniers dudit luminaire,

(1) Cet abus existait aussi à Saint-Victor-Males-
cours, Just de Serres le proscrivit par une ordonnance en date du 6 octobre 1626.

seront mesnagés de la meilleure économie que faire se pourra.

Avons ordonné de plus qui sera faict inventaire des meubles et ornements de ladicte église, et d'iceux seront chargés les luminiers dusdit inventaire nous sera remis extraict dans quinze jours, et après avoir veu l'estat de ladicte église et recogneu les déffaultz d'icelle avons laissé nos suivantes ordonnances comme s'ensuict.

Ordonnances pour l'église de Sainct Jean de Pailhec.

Nous Just de Serres, evesque du Puy, comte de Vellay et suffragan spécial de l'Église de Rome, après avoir visité l'église parrochielle de Saint Jean de Pailhec le vingt uniesme jour d'octobre de l'année mil six cens vingt-six et recogneu les déffaultz d'icelle mentionnés au verbal de notre visite, sur iceux notre promoteur (1) ouy et ses conclusions prinses avons dressé et laissé nos suivantes ordonnances sommairement tirées dudict verbal de visite.

Premièrement le sieur prieur fera garnir le tabernacle au-dedans de quelques taffetas ou autre belle estoffe et le fera assortir au dehors de quelques voiles et parements convenables affin que le Saint-Sacrement soit tenu dans lad. église avec plus d'honneur.

2. Le mesme sieur achetera un reliquaire attandu qu'il n'y en a aucun dans ladite église

____

(1) Antoine André, archiprêtre de Solignac et curé de Saint Jean du Monastier Saint-Chaffre.

estant très raisonnable que les corps des saints soyent honorés en terre puisque leur âme est honorée dans le ciel.

3. Ledit sieur fera couvrir le cœur *(sic)* de ladicte églize veu qu'à point il ne l'est, et qu'à ce deffault le service en est fort incommodé par la pluye qui descoule à l'entour dud. autel.

4. Ledit sieur prieur pourvoira à l'achept des ornements nécessaires aux offices des festes solennelles. .

5. Attandu que la lampe n'est ardente nuict et jour devant le sainct Sacrement, ledit sieur prieur l'entretiendra les quatre premiers mois de l'année et fournira l'huile à ce nécessaire, et les huict mois restants le luminier fera les fraicts nécessaires audit entretennement.

6. Le sieur curé escrira aux registres des mariages les noms des tesmoings qui ont assisté à la célébration d'iceux.

7. De mesme au registre des morts fera expresse mention si les déffuntz durant leur maladie et avant le trespas ont reçeu les sacrements de l'Eglise et quel jour.

8. Ledit sieur curé advertira dans huict jours le sieur de Marcoux de justifier devant nous, dans un mois après la notification de la présente ordonnance, du droict qu'il prétand sur la chappelle qui est du costé de l'Epitre près le grand autel, lequel deslay estant expiré, ledit sieur curé annoncera au prosne trois dimanches sécutifs que ceux qui la voudront fonder se présentent à lui et après avoir receu les offres les remettre devers nous pour la bailher à celui qui fera la fondation meilleure, et attandu que nous avons prins garde qu'en

ladicte chappelle, on y avoit de nouveau faict
une porte respondant hors de ladite église, et
ce sans aucune permission nostre, nous avons
ordonné qu'icelle sera close et fermée à chaux
et à sable dans huict jours après la publication
de notre présente ordonnance, de mesme
avons deffandu de faire aucunes portes aux
chappelles de ladite église qui aillent respon-
dre hors d'icelle, si on a obtenu de nous permission spéciale.

9. Mesme publication sera faicte de la chappelle de sainct Nicolas, si Claude Béal prétan-
dant droict sur icelle n'augmente la fondation
de douze sols cy devant faicte et ce dans le
mois après l'inthimation de notre présente ordonnance.

10. Ledit sieur curé fera semblable publication de la chappelle du Sainct Rosaire, si
Claude Niel qui prétand droict sur icelle ne
justifie d'icelluy dans quinze jours après la notification de notre présente ordonnance.

11. Il fera porter dans le cimetière les testes
de morts exposées près ledit autel, comme
estant le lieu destiné à leur repos.

12. Le sieur curé et autres ecclésiastiques
dudit lieu ne mangeront, ni boiront aux cabarets à paine d'excommunication laschée dès à
présent sans autre déclaration, attendu nos
divers advertissements de laquelle nous réservons l'absolution, exceptant toutes fois les cas
de baptesmes, mariages, mortuaires et voyages, lesquelz n'entendons comprandre en
la présente ordonnance.

13. Le sieur curé et autres ecclésiastiques
fairont de nouveau recognoistre ceux qui leur
payent les obitz et fondations, et le terrier

estant parachevé nous en sera remis extraict
pour réduire le service requis de quoy dans
six mois justifieront de leurs diligences.

14. Le sieur de Montregard ou la commu-
naulté des prêtres de ladite église nous bailhera
extraict de la fondation de la chappelle de
Notre-Dame de Pitié, desnombrement des
revenus à icelle affectés pour ·a proportion
d'iceux le service estre par nous réduict.

15. M. Duranton deslivrera entre les mains
du sieur curé le livre de l'érection de la con-
frairie faicte. par le R. P. Théodose (1), prédi-
cateur cappucin et ce dans huict jours.

16. Le patron de la chappelle dicte de Girondon remettra dans trois sepmaines devers nous
extraict de la fondation faicte en ladite chappelle de cent sols annuelz du treiziesme de
juin mil cinq cent huictante trois receue Méa-
liér, de mesmes remettra extraict d'autre fondation faicte par noble Jean de la Franchière,
sieur de Sainct-Julien du douziesme d'aoust
mil six cent vingt-deux, receue Beraud.

17. M. Jean Marconnet, prêtre estant a présent
despourvu d'habitz et ornementz ecclésiastiques
requis à la célébration de la messe en recou-
vrera entre cy et la feste de Pasques prochain.

18. Sera faict inventaire des meubles et ornements de ladite église et d'iceux en sera
chargé le marguilier ou l'ouvrier qui sera
nommé, et dudict inventaire sera remis extraict dans quinze jours après.

(1) Le P. Théodose est l'auteur d'une *Histoire de
Notre-Dame du Puy* que la *Société agricole et scien-
tifique de la Haute-Loire* vient de faire réimprimer,
grâce au zèle du regretté M. Rocher.

19. Ayant veu par la reddition des comptes dusdit luminaire que les luminiers sont redevables de certaine quantité de grains avons ordonné qu'ilz seroient vandus et que des deniers procédant de ladite vente sera mis en fonds et deslivrée en rante constituée la somme de soixante livres en principal et les trois livres annuelz qui reviendront de ladite rante serviront à partie de l'entretien de ladite lampe.

20. Le luminier ne contribuera plus au payement des violons qui sont employés lhors des reynages (2)

21. Le luminier randra compte de son administration toutes les années par devant M. le Curé et quelques-uns des plus notables paroissiens assistés de ceux qui de droict sans que

(2) Au sujet des reynages, joueurs de violons, etc., Mgr de Béthune porta plus tard pour tout le diocèse, l'ordonnance suivante : « Et parceque les Festes baladoires et les danses aux Festes de Patron, et aux Reynages sont des sources d'impureté, d'irréligion, de querelles, de meurtres et de toutes sortes de malheurs ; enfin une vraye invention pour faire comme parlent les saints Pères, que ce soit la feste du diable, plutôt que celle des Saints, Nous les déffendons absolument soubs peine d'excommunication *ipso facto*, encourue tant par ceux qui danseront, que par ceux qui y joueront du violon, ou de quelque autre instrument, et par tous ceux qui en seront les Autheurs ou les Protecteurs; l'absolution de laquelle Nous réservons à nostre seule Personne. Et afin qu'un chacun ait plus d'horreur de telles Festes baladoyres, et plus de zèle de les extirper, Nous ordonnons de plus que le S. Sacrement, s'il est exposé en ces Festes sera serré dans le Tabernacle, d'abord que telles danses commenceront. » (*Ordonnance du diocèse du Puy, synode de l'an 1666, 21 octobre, parag. VI, 1re partie.*)

pour ce regard aucune despance cy face aux fraitz dusdit luminaire.

22. La proclamation de l'œuvre du luminaire ce fera tous les ans et la deslivrance en sera faicte a celluy qui fera la condition meilleure.

23. Les processions qui se feront doresnavant hors la parroisse seront aux moindres fraicts que faire se pourra à quoy ledit sieur curé prendra soigneusement garde.

Et en ce qui concerne les réparations ou achept sus allegués et par nous ordonnés lhors de notre inventaire ont esté appelés les officiers desdits lieux suivant les termes de lesdict.

Donné à Montregard le vingt unies. jour d'octobre mil six cent vingt six.

Just, ev. du Puy, comte de Vellay.

PROCÈS-VERBAL DE VISITE (1).

Dans la paroisse de Saint-Jean des Pailhes les Montregard,

ARCHIPRÊTRÉ DE MONISTROL

JEAN-GEORGES LE FRANC DE POMPIGNAN, par la miséricorde de Dieu et la grâce du Saint-Siège Apostolique, Evêque et Seigneur du Puy, Comte de Velay, suffragant immédiat de l'Eglise Romaine, Conseiller du Roy en tous ses Conseils, etc., faisant la visite générale de notre Diocèse, sçavoir faisons que le 2me du mois de septembre de la présente année 1747, nous étant transportez dans ladite paroisse de St-Jean de Pailhés les Montregard, accompagnez de M. l'abbé de Rebaudy notre vicaire général, et de notre Secrétaire, nous avons trouvé Me Claude Bilhot (2) prêtre de notre diocèze, curé de ladite paroisse, lequel nous a conduit de sa maison en ladite église au son des cloches, où étant arrivez à la principale entrée d'icelle, il nous aurait reçu avec les cérémonies requises, et de là conduit au grand Autel. Après avoir déclaré le sujet de notre visite au Peuple, nous avons commencé par la visite du Très Saint-Sacrement, duquel nous avons donné la bénédiction aux assitans, après lui avoir rendu

(1) Ce document, que nous devons à l'obligeante communication de M. Veylon ex-notaire à Montfaucon, est en partie imprimé et en partie manuscrit.

(2) Claude Billot fut curé de Montregard de 1742 à 1756.

nos adorations ; et, nous avons trouvé comme il est porté aux articles suivans.

Le Très Saint-Sacrement.

Calices, deux en état.
Ciboire, un en état.
Soleil, un en état.
Custode pour les malades, deux en état.
Pains à chanter en état. (1)

(1) C'est ainsi que l'on désignait alors les hosties ou pains d'autel.

Claude de Vert, dans *son explication simple, littérale et historique des Cérémonies de l'Eglise*, donne sur les hosties certaines particularités que nous croyons devoir rapporter ici. Il dit premièrement que le sacristain de Cluny était chargé de son temps, (xviiᵉ siècle), moyennant une redevance, de fournir le pain à chanter ou hosties à toutes les paroisses de la ville de ce nom, où l'on n'eût pas souffert que l'on en eût employé d'autre que celui qui se faisait en cérémonie dans l'abbaye.

Secondement, que l'un des officiers claustraux d'un prieuré du Puy en Velay était appelé *l'hostier*, parce qu'il était autrefois chargé de faire les hosties ou pains à chanter pour toutes les Eglises de ce diocèse ; qne, le revenu de cet *hostier* ne pouvant plus suffire depuis la multiplication des messes, il avait été contraint d'abandonner, sa charge et son titre, qui depuis resta vacant.

Troisièmement, que les hosties ne se faisaient encore au xviiᵐᵉ siècle, dans ce diocèse, qu'avec la permission de l'évêque, et qu'on voyait dans la ville du Puy une enseigne avec ces mots au bas : *Céans se font de belles hosties avec permission de M. l'évêque du Puy.*

De nos jours encore, dans quelque diocèses, notamment dans celui d'Autun, il n'est pas permis de se servir des hosties confectionnées ailleurs qne dans certaines communautés religieuses autorisées pour cela, et dont la permission est renouvelée chaque année par l'ordinaire.

Tabernacle en état.

Clef d'icelui tenue dans l'armoire de la sacristie.

Lampe en état, brûle nuit et jour.

Réliques deux reliquaires, un d'argent en état, où il y a des reliques de Saint Roch, de Saint Jean-Baptiste, de Sainte Catherine et de Saint Loup. Un autre de bois doré où il y a une relique de Saint Régis et une petite relique du manteau de Saint Joseph que nous avons avons autorisée.

GRAND AUTEL

Sous l'invocation de saint Jean-Baptiste, patron du lieu, le même.

Consécration, il ne l'est pas.

Marbre, ou autel portatif, un en état.

Nappes d'autel, sept à huit de dessus en état et quatre ou cinq de dessous en état.

Tapis, un en état.

Daix, deux en état.

Croix, deux, une d'asquemye, l'autre en bois, avec un Christ d'ivoire.

Chandeliers, six d'asquemye, six de léton en état.

Cierges, suffisamment, et en état.

Eteignoir, un en état.

Missel avec indices, quatre, un neuf et les trois autres en état.

Dédicace, se célèbre le dimanche après le 25 de septembre (1).

Coussin, un pulpitre de bois en état.

(1) En quelle année eut lieu cette dédicace? C'est ce que nous n'avons pu savoir ?

Canon, deux en état.
Evangile Saint-Jean, de même.
Balustre pour la communion, en état.
Nappes de communion, six en état.
Clochette, deux en état.
Burettes, d'étain et deux paires de verre.
Piscine du sanctuaire. d'étain, en état.
Vaisseaux des Saintes Huiles, d'étain, en état.
Armoire pour iceux, dans les fonds baptismaux.

Après quoy étant allé au cimetière, et y ayant fait les prières ordinaires, nous avons trouvé selon les articles suivans.

CIMETIÈRE

Clôture, bonne.
ntrée, deux.
Chemins, on s'en sert pour cela.
Portes, des grilles.
Foires et *marchez* en icelui. — Point.
Danses, point.
Croix du Cimetière, de pierre, en état.
Cabaret voisin, point (1).

(1) Mgr Henry de Maupas et Mgr Armand de Béthune, tous deux évêques du Puy, avaient fait, touchant les cimetières, les ordonnances suivantes : « Pour les cimetières, disait Mgr de Maupas, (ordonnance du 14 avril 1654. 2ᵐᵉ partie, parag. XIV). Nous ordonnons que par tout ils soient entourez de murailles, et fermez de sorte que les animaux n'y puissent entrer, et qu'il y ait une haute Croix dressée à l'endroit le plus apparent. Nous déffendons qu'on fasse aucune assemblée en ces saincts lieux pour des divertissements, ou pour traiter d'affaires séculières, et qu'on les prophane jamais par aucune ordure. »
À son tour Mgr de Béthune disait : « Les Prieurs,

D'où étant entré dans l'église, nous avons visité les fonts baptismaux selon les articles suivans.

FONTS BAPTISMAUX

Fermeture, bonne.
Piscine des Fonts, de pierre, en état.
Bénitier fixe, de pierre, en état.
Cuvette, de cuivre, en état.
Couvercle à pointes.
Burette pour verser, de verre.
Ensuite nous avons visité les chapelles et petits autels.

CHAPELLES

Du côté de l'Evangile, trois.
Du côté de l'Epitre, trois.
Vocable, Présentateur, Titulaire, Service, Revenus. Réparations, Ornemens, Autel Sâcré, Marbre portatif, Images en relief. Tableau d'autel, Devant d'autel, Vitres.

1re du côté de l'Evangile, vocable saint Régis, appartient à M. de Montregard il y a 3^l de fondation point payées, elle est en état (1).

2me vocable Notre Dame du Rosaire, appar-

---

curez et autres ayans charge des Eglises, auront grand soin..... que dans les cimetières on n'y fasse aucun marché ou boutique et trafic de marchandise, et encore moins que l'on y tienne aucune apparence de cabaret pour y vendre du vin et des choses propres à manger, estant une prophanation des choses saintes et une injure à Dieu d'employer les cimetières à tels usages. (*ordonnances du diocèse du Puy, synode du 21 octobre 1666, parag. XXII.*)

(1) Cette chapelle est encore dédiée à Saint-Jean-François-Régis.

tient à **M.** de la Tour Du Four. — 3¹ de fondations payées et acquittées, elle est en état (3).

3me vocable saint Blaise (4). Madame de La Planche de Montfalcon prétend qu'elle luy appartient, il n'y a point de fondation ; on ne sait s'il y a de titre, mais on trouve deux nominations de ladite chappelle ; il n'y a ni napes, ni autel portatif, ni chandeliers, ni crucifix ; le tableau a besoin de réparations

Du côté de l'Epître.

1° Vocable : Notre-Dame de la bonne mort ; appartient à **M.** de Boissy (1) et à **M.** de L'Armusière, il y a une fondation de messes, à laquell nomme **M.** de L'Armusière, elle est en état (2).

2° Vocable : Saint Joseph, **M.** de Montregard prétend qu'elle luy apartient — on ne connaît ni titre, ni fondations ; les chandeliers ne valent rien, il n'y a ni napes, ni pierre sâcrée.

3° Vocable : Saint Roch, apartient à un nommé Charles Delolme ; on n'en connoit ni titre, ni fondation, elle est en état.

(1) La deuxième chapelle du côté de l'Evangile est aujourd'hui sous le vocable du Sâcré-Cœur.

(2) Le vocable de Sainte Philomène a remplacé de nos jours celui de Saint Blaise.

(3) D Boissy porte *de gueules à un cerf passant d'or, et un chef cousu d'or. chargé de trois croissants d'argent. (Edit de nov. 1696.)*

(4 Cette chapelle ainsi que celle de Saint-Joseph sont encore sous le même vocable ; quand à la troisième. elle n'est plus dédiée à Saint Roch et sert de chapelle pour les fonts baptismaux.

CHŒUR, NEF, ET DEHORS DE L'ÉGLISE

Chœur, en état. (1)
Clocher et situation d'icelui, en état, situé sur la porte d'entrée.
Cloches. 4. deux grandes et deux petites, en état.
Graduel, un en état.
Psautier.
Antiphonaire, un en état.
Processionnal.
Rituel, deux en état.
Chaire à prêcher, en état.
Armes et Litres de même point. (2)
Sépultures qui gâtent le pavé.
Pavé : en état.
Nef. Bonne.

(1) Le chœur de l'église de Montregard fut reconstruit vers 1656, c'est ce que nous apprend un *factum* ou *mémoire* en date de l'année 1671, dans lequel il est dit : « Les Pères Jésuites mettent en compte 1.000 l. qu'ils ont foncé, il n'y a pas quinze années, pour la bâtisse du *cœur de l'esglise de Montregard*, n'y 300 livres qu'ils ont donné de contributions aux *clochers des esglises de Bains et de Montregard.* » *Tablettes* VIme année. p. 134.

(2) Le droit de *litre* était un des droits honorifiques dont jouissaient les Seigneurs hauts justiciers et les patrons des églises. Il consistait à placer aux obsèques des ces seigneurs leurs armoiries dans l'église sur une bande de velours noir, dont la largeur variait suivant la dignité du personnage (*Chéruel. dict. des usages et cout.*) Quelquefois encore on faisait peindre la litre sur une partie de la muraille extérieure de l'église, comme on peut le voir encore à Saint-Germain-Laprade, à Saint-Julien-d'Ance et à Saint-Christophe-sur-Dolaison, etc.

Gros mur d'icelle. Bon.
Couverture Bonne.
Voutes, ou *Lambris.* Bonnes.
Vitres, en état.
Portes, bonnes.
Confessional, quatre en état.
Sièges et Bancs, s'ils sont fondez celui du
    Seigneur, ceux de **M**. de Latour, de Boissy
    et de L'Armusière dans leurs chapelles.
Autels indécens.
Chapelles domestiques, une chez **M**. de
    Latour, une chez **M**. de Boissy, en état.
Chapelles rurales, point.

LIEUX DÉPENDANS DE LA PAROISSE

Nous avons ensuite visité la Sacristie, orne-
mens et Fabrique :
Sacristie, en état.
Armoire pour les ornemens, en état.
Deux de toutes couleurs, l'un en soie, l'autre
    en laine passables.
Un d'étoffe de laine rouge et blanc fort usé.
Un rouge et blanc en soie galons d'or presque
    neuf.
Blanc, trois, un de damas très bon, un autre
    de damas et un troisième de camelot passa-
    bles.
Rouge, deux, un de velours ciselé et un de
    damas en état.
Vert, deux, un de damas, et un de taffetas
    en état.
Violet, un de velours, et un de taffetas en
    état.
Noir, deux, un de panne cizelée et un de
    taffetas.

Chappes, quatre, une de toutes couleurs en soie neuve, une blanche de damas, en état, une violette en soie en état et une noire de camelot en état.

Aubes, sept ou huit en état.

Ceintures, une en soie et deux en fil blanc.

Surplis, chaqu'un a les siens.

Bonnets, de même.

Croix processionnelle, trois, une en argent, les deux autres en cuivre en état.

Banière, point.

Encensoir, deux, un d'asquemie, un de cuivre en état.

Navette, de même.

Croix pour l'Extrême-Onction (1).

Bénitier portatif, de fonte en état.

Aspersoir, en état.

Fondations, pour une vingtaine d'écus, outre celles des chapelles, il y en a qui ne sont point payées.

Catalogue d'icelles, en état.

Confréries. La Confrérie du Saint-Sacrement, du Saint Rosaire et de la bonne mort.

Quêtes, pour M. le Curé et M. le Vicaire, du blé et du fromage

Processions, les ordinaires.

Exposition du Très-Saint Sacrement, les 3me dim. (2)

---

(1) Voici ce que le Rituel Romain : *Deindé convocalis clericis... vel sallem uno Clerico, qui Crucem sine hasta... deferat. (Ordo ministrandi S. Extremæ Unclionis.)*

(2) Cette pieuse coutume d'exposer le Très Saint-Sacrement et même de le porter processionnellement à l'issue des Vêpres ou de la Grand'Messe chaque troisième dimanche du mois comme celà se pratique

Registres de baptême, mariages et mortuaires, en état.

Revenus de la Fabrique; six sextiers de blé accordés par le prieur pour fournir à tout ce à quoy il serait obligé.

Titres et Papiers, en état.

Coffres à deux clefs, à une clef gardée par M. le Curé.

Biens de l'Eglise usurpez, on n'en conoit pas.

Comptes des Marguilliers, ils sont rendus exactement.

Dettes actives de la Fabrique, point.

Dettes passives, montant à environ cinq cent livres.

Lanterne pour accompagner le Saint-Sacrement, deux mauvaises.

Soutane sans manche soit ôtée.

Nous nous sommes enfin informez des per-

encore dans beaucoup de paroisses, remonte assez haut. Dans *un ancien cérémonial coutumier de l'église du Puy* publié par M. l'abbé Payrard curé de Cayres (*Tablet. hist.* viiime *année, p 414*) nous lisons : « *In tertia dominica cujuslibet mensis. Immédiate post laudes fit processio Sanctissimi Sacramenti Procedit clerus a porta Sancti Joannis usque ad forum tholonæum ubi datur benedictio. Celebrans vero medius inter duos diaconos defert propriis manibus Sanctissimum Sacramentum sub baldachino quod gestatur ut in dominica infra octavam* ».

Le 23 novembre 1653, Mgr de Maupas évêque du Puy, faisant la visite de l'église de Saint-Didier-la-Séauve portait l'ordonnance suivante : « Led. sieur curé consumera ou faira consumer l'hostie consacrée qu'on a coutume de porter processionnellement toutes les troisiesmes dimanches de chacung mois exposée dans le soleil d'argent, le lendemain lundy de même moys ». (*Arch. de la Fab. de Saint-Didier-la-Séauve*).

sonnes ecclésiastiques et séculières de ladite paroisse.

Curé. M. Claude Bilhot.

Vicaire, M. François Chardon.

Approbation d'icelui, en bonne forme.

Domestiques, jeunes servantes.

Patron de la Cure. Les R. P. Jésuites du Collège du Puy en qualité de prieurs.

Décinateur, les mêmes.

Ecclésiastiques : M. l'abbé de Boissy.

Jeunes clercs point.

Vie et mœurs ; bonnes.

Habits et *soutane*, exactement.

Tonsure de même.

Résidence, exacte.

Instruction, exacte.

Conférences ecclésiastiques.

Communians, environ mille.

Inimitiez.

Scandales.

Cabarets pendant les offices.

Coutumes abusives et superstitions.

Catéchismes, exactement.

Interroger les enfants, de même.

Seigneur du lieu, les R. P. Jésuites, M. de Montregard et M. de Figon. (1)

Juge ou baillif. M. Jamon de Montfalcon.

Procureur d'office, M. Simon Morin du lieu de Montregard.

Fabriciens ou marguilliers, Claude Drevet et Jean Touche.

Maître d'école, point.

Sage-femme.

----

(1) De Figon *porte d'argent à un lion de gueules, surmonté de trois molettes de sables rangées en chef.* (Edit de nov. 1696.)

Presbitère, en état (1).
Nouveaux convertis, point.

De toutes lesquelles choses avons fait dresser ce procès-verbal. Fait à Montregard dans notre cours de visite. ce deuxième septembre, mil sept cent quarante-sept.

Sur toutes lesquelles choses résultantes de notre procès-verbal ayant trouvé que la chapelle du côté de l'évangille sous le vocable de St-Blaise étant en très mauvais état, manquant de tout seroit réparée dans l'espace de quatre mois par ceux à qui lad. chapelle appartient, et que faute de faire lesd. réparations, lad. chapelle dite de Saint-Blaise appartiendra à la paroisse, comme aussy que le propriétaire de la chapelle sous le vocable de Saint Joseph manquant de napes, des chandeliers ny en ayant que de très mauvais, ny même de pierre sâcrée, seroit fournie de toutes ces choses par celuy à qui lad chapelle appartient, et que faute de ce faire dans le même espace de quatre mois, lad. chapelle appartiendra aussy à la paroisse; voulons aussy que notre présente ordonnance soit leüe au prône des messes de lad. paroisse de Monregard par trois dimanches consécutifs. Donné à Monregard dans notre cours de visite sous notre seing, et le contreseing de notre secrétaire.

2 septembre 1747.

† J. G. *évêque du Puy.*

Par Monseigneur,

Hébrard Ch. S. G.

(1) Le mémoire cité plus haut nous apprend qu'en 1671 le presbytère ou maison priorale de Montregard tomba en ruine de toutes parts, et que les P. Jésuites durent employer une somme considérable pour le réparer. (*Tablettes* vime année, p. 134.)

Le Puy, imprimerie PRADES-FREYDIER.